www.raiphsblob.weebly.com

You No Seen Me, Rite?

@raiphsays

Dedication

My pals oan twittar meen a world tae me. I wid luv tae nem em aw heer, bit if I left embdy oot it wid brek my hart! Bit is book is fur aw my twittar follyers. You no hoo ye ur an I no wer som a yous liv!

Acknowledgements

Fanks agen tae my edditer, P.M. Leckie. I dae hink at restrennin ordar wis a bit mush, vo. Fanks awso tae The Yes Café, Edinburgh South, fur supportin my wurk. Plees hed owar an visit em! Day need a munny tae keep gaun. Fanks mus go tae The Bonny Badge Company, who yous som my picshers fur er badges, magnats an mirrars!

Author Note

See you wan my follyers? Or hus red my las bewk? You prolly be awrite reedin is. Bit if ye need eny help, gees a wee showt oan twittar!

Foreword
By P.M. Leckie, author of Stumbledirt

Dear God, he's back.

Not content with his last attempt at reducing the literacy levels of all of his readers, that tenteen-year-old menace has brought out another book.

Of course, I could have refused to edit it, or indeed spurned the offer to write the foreword, but I feel it is my duty to warn the public of the consequences of reading @raiphsays work. Not only is he hell-bent on having us all spell with the accuracy of a day-old chimpanzee, he tells me that he has branched out into the world of art, having just finished his first exhibition at the Edinburgh Fringe.

In this latest effort, he has decided to combine the "artwork" that he produced during the Scottish Independence Referendum of 2014, with the twitter spats he has with his father. Da, as he calls him, appears to be some kind of criminal who has a tendency to overdo it with the whisky. Nevertheless, with Raiph as a son, I pity the poor man.

Can he not be stopped? A little help, please?

Fanks.

Introducshin

Hallo agen you luvvy folk! Efter minne rakwests fae my follyers oan twittar, I desidit tae bring oot a uvvar bewk. So mush hus happant sins a lass wan. I goat a wee dug, Steve Buscemi — he a wee bit Jack Russal, a loat a pug, an a big dod a cheeky! I expandit my erline, Flyraiph, an opent up noo roots aroon a sentral belt.

@raiphsweedug

Wan a bess hings I dae resently wis I hud my paintins oan display it a Yes Café in Edinbra. I canny tel ye how prowd I wis tae be askt. Scotland been free tae guvvern itsel is my dreem, so tae huv a chans tae keep a hope fur indy alive, wis no sumfin I wis aboot tae turn doon! Mibbe you wan a folk at went tae see a art, or mibbe you even by wan acos I sell aw a picshers tae rais munny fur a café. Fank you so mush if you sapportit sush a maizin cos.

Wen I wis getting at exybishin reddy, I memberd aw a we certoons I youst tae dae oan twittar in a run up tae a referendem. It goat me finkin. My pals wantit me tae dae a uvvar bewk an I wantit tae keep indy in folks mines. So I jus dae baif hings it a sem time!

So sit yersel doon wae a nise cup a tee, an praper tae laff an cry wae me. En wipe a dust aff yer AYE flags an get oot tae mek Scotland free!

My Exybishin Wurk

I col ees wee paintins "soun effecs" fur a biggar wans.

Speekin My Langwish

Mibbe it a good ideer tae stert wae som lessins in whit hus becom non is *Raiphspeek*. Soon you be spellin lik me and impressin aw you pals!

Heer a nummars:

Wan

To

Free

For

Fiyev

Sicks

Sevan

Ate

Niyen

Ten

Tenteen

Wanteen

Tooteen

Freeteen… an en you go aw a way tae twetty! En it jus twetty-wan an so oan and seaforth. So it no hard tae cownt rite up tae a hunnar!

Daze of a week:
Munday
Toosday
Wensatday
Fursday
Fryday
Sattaday
Sonday

Munfs:
Janyerry
Febarry
Marsh… en ers a cuppal mer bit I canny member em, bit ovussly a mais portant wan is Desembar! (No tae be canfyoust wae dismembar, wish no is a munf bit jus wen sumbdy pul you erms an legs aff. No nise!)

Grammer

I no member my grammer mush. Bit she wis a nise wummin at youst tae gee me shoogar an buttar sammishes. Awso, she tel me how tae yous aw my wurds rite. Heer jus some a wans ats a wee bit tricky no tae get mickst up.

You / yous / youst

Zamples:

Zat you?

See yous com owar my hoose? I fone a polis.

I youst tae go tae skool an en I goat a ebola viras.

OR

Naebuddy gonny by a youst wan of em! 'Sake.

Day / Dae / Daze

Zamples:

Wan day I gonny punsh you face in.

OR

Wen day com roon I no opanin a door...

Gonny no dae at?

I ony been tae skool to daze is week! Yaldi!

Way / wae

Zamples:

I gonny way em, see day aw hevvy!

OR

He mental! He live roon you way.

You no him? At guy wae a mad boll-cut?

Punksashayin

Unlik a wurd mibbe sajjest, it nuffin tae dae wae a guy wae a Mohawk tryin oot a bally step. It acshully aw a wee hings we yous in sentinses. A fool stoap com it a end. Somtime, wen you splittin up a sentens, you yous a commars!

A coloan, no oany a bit of you boady neer you nevver reejins, is awso to wee dots I maistly yous tae mek a wee face - :D

Nevar, unnar enny sircemstansis, yous a semi coloan. Ees is oany youst by hipstars in mekkin lists, youshally in speshyallatty coffy shoaps. You yous em doon my street you get battart.

It a end of a kwestin, you pit a kwestin mark, no?

An se you aw angy, or happy, you pit hunnars a ecksclemayshin marks!!! You cin nevar pit to minne!!! Folk luv em!!

Fur hings ats aw shokin, you cin yous baif a ecksclemayshin mark an a kwestyin mark.

Zamples:

Jim Murfy a consultent noo?!

Tel me Davit Camron no reely dae at?! *boaks*

You see how I yous a wee star hings er? Ats youshally tae tell you how I feelin, whit I daein, or tae set a seen, sush is – *Is doon a polis stayshen*

An finelly, tae sho wen sumbdays tokkin, it a good auld invertit commars!

"You no seen me, rite?" muttart Da.

"Secks an drugs an sossidge rolls!"

To Cool fur Skool

Me: ats me way tae skool da!

Da: aye cheery oh!

Me: *runs roon a side of a hoose an gos in a shed* is is you captin speekin! :D

Da: whit size shoos ye tek?

Me: whit kine a shoos?

Da: … ye'd be a sem size in em aw?

Me: whit kine??

Da: *mumbals* skool shoos…

Me: D:

Da: whit ye needin fur skool?

Me: duck taip, rope…

Da: whit fur? Sciance projec?

Me: naw! Ats a oany way you get me in er!!

Da: :|

* * * * *

Perents Nite
(or A Miscarraj a Justis)

Oh gawd, it **#PerentsNite** an fur som mad reesen da gree tae go? Uch wel, I meen, whit cin go rang?

#PerentsNite da's pit oan hees bes claes ancludin fur coat, sunglessis, massav big gauld chane an a fine clecshin a sovvys. Lookin good da!

#PerentsNite my teef an herr aw brusht, claes neet… an I hus a sly custart creem in ma sky rokket!

#PerentsNite aw a uvvar perents pyoor side-ayin da. Pfft… he no bovvert vo. He jus sittin aboot aw smilin lik a boss! He he

#PerentsNite wee Vinny staunin wae hees mammy poyntin oot aw a plaisis wer hees peed a flerr. Hees mammy look aw prowd.

#PerentsNite optamisticly, da hus wandert ower tae a display of a brainy weans wurk. Ers nane a mines! I no waant tae disapoynt him…

#PerentsNite
Me: look da, ers a big picsher a aw a weans in a class!
Da: *aw distractit* wer?
Me: *shovs him er tae a fotees*

#PerentsNite Wile da bisy laffin at a nik of a lees fotyjenic weans, I get a pen an pit my menshie oan aw Fergus's wurk! Jeenyus…

#PerentsNite it noo look lik I tap of a class, witsh I wis wan day tae a teechur fone a fiyer briged tae get me doon!

#PerentsNite a teechur hus wokt pas aw noddin an grinin. I jus look bak aw innasent like. Whits hur gem?

#PerentsNite Da hus swaggart bak tae a display agen. I staunin aboot aw gallus unnar aw a maizin drawins at Fergus dae…

#PerentsNite da aw smug lookin wen he see aw a stuff ats ment tae be mines… huh! A teechur aways say my stuff to contravershal fur a waw!

#PerentsNite

Da: ye droo me dresst is a lawyar?

Me: D: *aw panacs*

Da: *laffs* zat cos a ayeways in cort?

Me: aye da! Ats rite! *aw nods* D:

#PerentsNite at da in a picsher acshully fergus's da, a reel lawyar, an he no look happy acos he hink Fergus no goat eny wurk oan display!

#PerentsNite

Da: *gallus* my boay's som artist, eh?

Fergus's Da: *aw posh* whys he droo Fergus as a self-potret?

Me: D:

#PerentsNite Fankfooey da no like lawyars mush an blank fergus's da tae get a sly drap a swally oot hees hip flask afor we go see a teechur!

#PerentsNite oor turn tae see a teechur. She goat at look oan hur face lik she aboot tae drap me in it. An whits in at foldar she goat? D:

#PerentsNite aw cool like, I pit my haun oan a desk an slide at custart creem cross tae a teechur, wae a cheeky we wink tae seel a deel

#PerentsNite she huvvin nane of it. At we biscit go stret in a bin necks tae a desk. She meen bisniss, an opan a foldar…

#PerentsNite my reel drawin a da, mekkin a unauforist wifdrawl fae a bank, ammitidly no my bess as hees ski mask look lik soot oan hees face

#PerentsNite

Teechur: we a bit consernt aboot is… *aw snooty*

Me: it a ski mask!

Teechur: *tae da* ah! You ski?

Da: pfft… naw.

#PerentsNite a teechur lookin aw confyoust it da, bit I hus mer tae wurry aboot. Fergus staunin it a waw, aw rid-faist and greetin… D:

#PerentsNite Aw naw! I canny huv da finkin a lie! I leg it owar tae a waw an terr aw fergus's drawins aff! Fergus gaun mental noo!

#PerentsNite

Teechur: hees behayvyer is appawlin!

Da: *aw smug* ats jus artistac tempraymint…

T: an he hus a ebola viras?

Da: *rols ayes*

#PerentsNite Fergus noo chaisin me roon a room! Da's geein Fergus's da a look a dasgust an sayin, "cin ye no cantrol yer wean?"

#PerentsNite

Fergus: *greetin on a flerr*

Me: *fingar oan chin, jus lik thon Picarso* I col is instalayshun "I wish I in my unmed bed"

#PerentsNite in a miscarraj a justis, Fergus dragt oot a class yousin a kine a langwish hees da oany heer up a sherraf cort oan a munday!

#PerentsNite da showts efter em, "hus you been in a assident an it wisnae you folt?" he aw laffin bit I hink it wis a fret…

#PerentsNite
Da: a teechur seem bisy, cin we hed aff?
Me: *aw raleevt* Aye!
Da: ye waant chips fur dinnar?
Me: :D

Wel fank you comin alang tae my **#PerentsNite.** huv a we wandar roon a class! :D see yees efter!

* * * * *

Da: al get ye noo claes wen you it skool
Me: Eh a lik tae pik em masel?
Da: jus tel me whit ye want
Me: Astranot hings!! :D
Da: see?
Me: :(

Da: wer you aff tae! Get tae skool!
Me: objekshin!! I in cort aw mawnin!
Da: get tae skool…
Me: I pit it tae you—
Da: *dedly ster*
Me: D:

* * * * *

No Clik a Links
A Moosical

Aw a peeples at nos me no how mush I luv umbrellas. Awso, I work aw hard oan innernet safatty tae worn folk aboot a dainjer a clikin links. My campain, #NoClikaLinks, hus saivt a ayelids a millans a people acroas a hale wurld! Evy singal day, free millan peeples die wen day clik links aw durty ladys sen. As wel as at, too millan faynts. Ats sicks millan peeples evy singal day! A wans at no die nevar a saim agen. Er ayelids faw aff an day no tok boot wit day seened. It reely at skerry!

So I fot, how no saiv mer folk by bringin oot a moosical at cambines my luv a umbrellas wae a wornin aboot durty ladys? Awso, it wan in a aye tae at Androo Lowd Wabbar, who a rite eejit.

You tae cin help aw a peeples at no dies. (You no can help a deid wans. Er deid). Jus spred a wurd an dae is show wae you pals – an no foget tae sen me a fotee!

Cast:
3 Dansers (sing a main wurds tae.)

1 Durty Lady (No a reel wan. Toks a lines ats no singt, maistly aff stage up tae a end bit.)

Props:

3 umbrellas (Aw fansy wans, lik mibbe silvar :D)

Song:

Heer a mane bit of a song, so it no hard tae lern! Jus rite yer ane tyoon!

If you is a egg!
En I no can folly you.
You prolly nise!
Ats wot I fink.
An you no wurs! An a durty lady!
Ats got nae claes,
an sens a link.

Wans you no a wurds, you reddy tae pit oan a show! In a fust bit, a 3 dansers com oan stage, just haudin a umbrellas lik it rainin. En day aw sing:

If you is a egg!
En I no can folly you.

You prolly nise!
Ats wot I fink.
An you no wurs! An a durty lady!
Ats got nae claes,
an sens a link.

In a necks bit, a dansers sing an a durty lady (aff stage) tok. But no rap, I no like rap. A tokkin voys need tae be aw posh, an ats a bit I pit in eetalics:

If you a is a egg!
If you is a acshul egg.
En I no can folly you!
I no can folly you, sorry boot at.
You is prolly nise! Ats wot I fink!
I no sayin you no nise! I jus no can see you face!
An you no wurs!
You deffly no wurs.
An a durty lady!
So no you be aw wurryt. You no a wurs fing.
Ats got nae claes!
Day no hus claes on!
An sen a link!

No clik a links!!!

Fur a fust bit:

If you a is a egg!
If you is a acshul egg.
En I no can folly you!
I no can folly you, sorry boot at.

A dansers tek wee toaty steps forwerd, an twurl a umbrellas. Day stoap efter a fust line, en a tokkin bit happen. En day aff agen, an stoap fur a necks tokkin bit.

I dae a cuppal a wee drawins tae help ye see whit I meen:

Wen day sing a necks line:

You is prolly nise! Ats wot I fink!
I no sayin you no nise! I jus no can see you face!

Day wev a umbrellas fae side tae side:

En day aw twurl aboot a stage fur a necks cuppal a lines:

An you no wurs!
You deffly no wurs.
An a durty lady!
So no you be aw wurryt. You no a wurs fing.

En it get a wee bit complicaitit. Aw a dansers croutsh doon neer a gap in a bak curtin, an a pesson at play a durty lady sneek oan an jump up! A dansers hus tae try tae cuvvar a durty lady acos we no want eny bovver fae a polis:

Ats got nae claes!
Day no hus claes on!
An sen a link!
No clik a links!!!

In at las line aw a dansers showt, *No Clik a Links*, tae.

Noo no get me rang. Sevrel hings cin be denjeruss in is
moosical. No be temptit tae huv mer an free dansers. It mibbe
seem lik a nise ideer tae ful a stage wae weans an umbrellas, bit
in my speeryence ye jus askin fur trubbal. Wen I dae it wae my
pals, Wee Vinny neely poke Kurt's aye oot and Fergus needit a
lie doon efter a seeryis assident wen sumbdy dasidet tae yous
wan em umbrellas at shoot up wen ye press a buttin. I no gonny
go intae deetells, bit hees mammy hud tae so up a damish tae
hees troosers an we aw hud tae chip in fur a coast a ferappy. Bit
in a end it wurf it! Nae pun intendit…

* * * * *

Da: I geein you a ultimaitum
Me: aw fanks bit I no like wummins unnerwer

Da: …moov a cerdbord…
Me: I wul… WEN A PASSANJERS HUS BORDIT!

Da: get at pile a cerdbord aff a driveway!
Me: I gony taksi a PLAIN aff a RUNWAY wen a rain aff!
Da: plain? Runway? Yer aff yer heed!
Me: :(

Da: skool amorra. Cansel aw a flites *sarcastac*
Me: *opans curtin an a 7:56 tae kirky fly by* :)
Da: sumbdy fling a boax at a windae?
Me: :(

Da: I fot skool stertit amorra?
Me: wensday bit I hus erline bisness *aw cheeky voys*
Da: dae at efter skool.
Me: is isnae Ryaner you no! D:

* * * * *

Hawalleen
(or A Villish of a Damd)

#Hawallen Zat time a yeer agen tae go roon a villish clectin sweetys an cosin carnish... Naw... I meen, Whit cin go rang?

#Hawalleen is yeer I hus sneekt intae a skool offis an run aff loats a foteecoapys o masel fur my costoom…

#Hawalleen a coapys is aw stuk oan cerdboard an tied aw aboot me! Ats rite! I a wan man Villish of a Damd! :D

#Hawalleen gaun roon fur wee Vinny. Nae eesy task. It a bit blawy an a wind keep catshin ma doppalgangars. Outch. :(

Wee vinnys mammy no youshly bovver wae **#Hawalleen** bit ers aw wee blak treet bags aw aboot a door step! Yaldi!

#Hawalleen turns oot er no treets at aw. :/ jus Wee Vinny to lazy tae pit a dug poo bags in a bin...

#Hawalleen wee vinny hus ootdun heesel wae hees costoom! Hees neb cuvvart in flooer an he hus a stufft doo stuk tae a bak of hees troosers!

#Hawalleen me an "Gorge osborn" staun an wotch som a locel weans help emsels tae a poo bags afor we hed aff tae clect som swedgers! :D

#Hawalleen hauf way doon a street an wan of a foteecoapied mees hus blawn aff an is noo hinging fae a powar lines :/ … skerry…

#Hawalleen fust hoos. A wummin tek wan look it us an shut a door :(no shoor if "Gideon" a wee bit to reelistic lookin…

#Hawalleen neks hoos an a wummin gee us a bag a froot eetsh! Froot!! Whit a hel? Wee Vinny disnae evan no whit it is.

#Hawalleen som weans go by in shoap boat costooms so we pelt em wae a froot fur a lak a effart! 'sake

#Hawalleen :(a dug hus med aff wae a uvvar wan of a mees. I canny evan run efter it tae sev masel! Wee Vinny laffin tae I boot hees doo…

#Hawalleen massav gust a wind an 2 a me noo blawin aboot a raleway lines :(Ats gonny en up oan wurlds maist skerry gosts cot oan tape…

#Hawalleen it a uvvar hoos. It aw gaun so wel tae wee vinny daside tae splain whit a doo aw aboot… #pigeongate to mush fur sum folk…

#Hawalleen we leggin it doon a street been cauld aw a durty names unnar a sun. :(it wisnae oor ideer missis! Rite tae yer MP!

#Hawalleen :(lyin lo it a posh hoosis. I loss to mer a me scapin fae at las hoos. Ers oany a reel me an wan a coapys left :(no very skerry

#Hawalleen
Man: *opans door an laffs* jedward!
Me: :| *flings a las coapy a me intae a hedj an stroaps doon a street*

#Hawalleen it wurs an a gret tangfastics debacal a twetty-forteen

:(we no hus as mush as a harabo atween is :(

#Hawalleen wee vinny no non fur hees brillant ideers bit he hus mest up ma herr an stuft a punkin up ma jumpar! I boris Jonson! :D

#Hawalleen A boolingdon boys is bak in toon! Me an *gideon* rakin in a swedgers gon roon a doors frettenin folk wae benafit sancshins!

#Hawalleen whit a rasult! We hus treet bags bustin wae swedgers... We runnin doon a street aw laffin, en disaster… :(

#Hawalleen we liftit fur aminal croolty, litterin an a feft of a punkin. A comyoonity polis guys staunin er wae a haud o ma doppalgangars :(

#Hawalleen Wee Vinny try tae splain it no a reel doo bit he let oot a nervus fart an a doos wings aw fluttart aboot. :(

#Hawalleen bit fate daside tae help us oot! Kurt jus stoat by wae a pigs heid stuk tae hees fly an a polis go efter him insted!

#Hawalleen whooda fot we be gretfoo tae davit camron bit me an wee vinny leg it bak tae a safatty a my gerden shed :D

#Hawalleen we gonny tan intae a sweetys noo! Hus a luvvy nite an fanks fur wotchin! :D

Buttarnut Skwash Soop
#RaiphsRecipees

Da: soop or chips!
Me: eh, chips!! Soop isnae dinnar?
Da: *coms hame wae pitza*
Me: you no cin chanje a choise efter a votit!! #purdah

* * * * *

Ingreedyants

Neep
Buttarnut skwash
Sweet potatty
Nomal tatty (no peeld)
Cumin
Hoat soss a yer ane chois
Vejabo stok.
Hauf cup a lentals

Mefod

Chap a unyin wae a peelt buttarnut skwash, neeps an sweet potatty, an fry in a poat wae a wee bit oil fur a cuppal a minnats. Add aboot 2 heep teespoon a groun cumin, a chapt nomal tatty an a lentals. Tip in a vejabo stok, enuf tae awmoss fil a poat, an add as mush of a hoat soss tae gee a kik! I pit a nise bit a piri piri soss. Brin tae a bile, en turn a heet doon. Stik a lid oan an simmer fur aboot fourty minats. Wen it aw nise an mushy, blend it aw up! Yaldi!! Luvvy hoat soop fur a cauld nites!

If it hawalleen, you cin yous a punkin asted of a butternut skwash!

"Soop isnae dinnar!"

Da: so *aw sarcastic* mer flyin aboot aday?
Me: I runnin eggsta flites tae a toon.
Da: yer aff yer heid.
Me: *poots da oan nae fly list*

Da: you try at noo bus wae a fansy seets?
Me: aye.
Da: wer you comfy?
Me: ... Kirkintilloch?

Da: whys a telly cuvvart in egg?
Me: I wis wotchin a Marr sho.
Da: ye canny jus showt lik a nomal pesson?
Me: you no cin mek a omlet.
Da: : |

* * * * *

Chrismas Hings

Da: whit size shoos you tek?
Me: how?
Da: I gon oot chrismas shoapin?
Me: *gos mental* shoos is claes??? I say nae claes!! D:

Me: da ye comin tae a nativerty
Da: wen is it?
Me: wenasday
Da: is er drink?
Me: I no fink so…
Da: 'sake. *fils hip flask*

Me: wit you waant fur chrismas?
Da: drink
Me: wit kine?
Da: loats.

Me: huv a sherry Da
Da: *aw suspishes* … ok…
Me: :D
Da: *coffs* … ats bastirt ribeena!!!

Me: ha ha ha! *runs way*

* * * * *

Ansers: Stoakin, Sprowts an Ritalin

slekshin ah junoki ngbyanhd tmiiuii ih achoklit

chrismas croass wurd

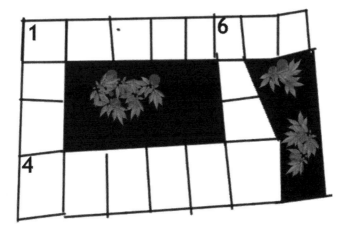

acroas

1: a boax santa gee ye

4: a seesen chrismas in

Doon

1: wite stuf at faw fae a sky

6: it gro oan you heid

A luvvy picsher a Wee Vinny tae cullar in!

Joyn a dots! You no whit it is?
(Anser: A snawbaw!)

Chrismas Perty Gem Ideers.

Who say polatiks canny be fun! Heer som politakel chrismas perty ideers tae keep yer famly happy, an informt tae!

Pin a blame oan a SNP:

Is a wee bit lik pin a tale oan a donky, only ye mek a big SNP logo an aw a famly get post-it nots an rite hings tae blame oan a SNP tae stik oan it!

Zamples:
Ers nae snaw.
A turky wis burnt.
Em presants wis rubbash.
Wee Vinny et aw a sprowts an hees farts is leefal.

A Ministars Cat

Evybuddy sit in a sircal an daside whit guvermint ministar you gonny tok aboot. So say it Davit Camron, a fust pesson mus say whit hees cat like, an it reely whit he like tae.
Zample:

"A ministars cat is a arragant cat."
Necks pesson:
"A ministars cat is a Boolingdon Boy cat."

And so oan an seaforth, aw in affabetical ordar tae sumbdy canny hink a sumfin an ats em oot. It a aw fun gem, speshally you play it wae Wee Vinny, acos he no no hees affabet an get aw angy and frow a wobbly. Ha ha.

Eggnob:

Agen, a wee bit lik a donky gem oany ye print aff is drawin a Jim Murfy and frow eggs it it. Mek shoor you no hit at wee wummin or hur dog, vo. If ye dae, yer oot! It a wee bit messy bit evybuddy laff!

"Lik pittin aw yer eggs oan a wan bastirt. Sorry my langwish."

My Yes Flag
Memries fae a Indyref 2014

Me: Da! Wek up! It votin day!!
Da: *ses aw bad wurds* a pollin stayshun no opan yit!
Me: ers mibbe a cue! 'Mon!!
Da: : |
Me: *runs aboot* :D

Me: *faws aboot laffin*
Da: *wotchis*
Me: *acshuly greets laffin*
Da: … Jim Murfy?
Me: *nods an pees sel laffin*

Da: whit ye laffin it?
Me: *gasps* *faws aboot laffin* Murfy… Telt…
Da: tek a deep bref noo…
Me: *pees self laffin*
Da: *gees ritalin*

Me: so how minne Aye votars you racroot?
Da: a cuppal.

Me: no bad. How minne slebrattys?
Da: eh??
Me: slebratty aye votars!! Get oot er!!

Da: I no gee a munkys fart aboot whit sum slebratty finks aboot indy!
Me: I a slebratty. I votin Aye! :D *runs aboot*
Da: … tek yer Ritalin

* * * * *

I promiss it stert at I sho you a certoons I dae fur a lass wee bit afor a indyref. Aw a peeples like em oan twittar, an I wis tryin tae mek folk fink seerasly aboot voting aye, but awso mekkin em laff tae. Hop you like em!

My drawins wis terrabal at fust!

Member Camron pit a saltire ower nummar ten? 'sake!

Wee gest apeerans fae Johannn Lemont...

Oan a day of a acshul vote.

An heer com a very sad hing I hus tae tel ye.

Afor a indyref vote, I dae a drawin fur if we win. I wis so shoor we wis gonny at I hudnae med wan fur if we no win. It brek my hart at I no cud sho at drawin an asted, I droo wan a me sittin wotchin aw a fitin at com fae som a mer nasty of a naw votars. Folk hud evy rite tae vote aye or naw, bit a hooligans at turn oot tae fite froo er "victory" med me feel a loss evan mer.

Day wurnae tipical a naw votars, who I shoor a loat of wis sad tae.

I wid luv tae sho ye at drawin I did fur if we win, bit jus a cuppal a week efter I droo it, my ayepad crash an a oany coapy wis lost. At med me greet so mush. It wis lik loosin a vote aw ower agen.

Wan day, I gonny draw it fur yous. I member whit it wis like an I shoor at soon, oor country be free.

Bit sadly, heer a drawin I med fur a day efter we loss. Still meks me greet tae look it it. :(

Hobbiral nite it George Sq… Bit a burf of a 45!

Bit I no leevin you aw greetin! A dreem fur independens is jus as strong noo, if no strongar! So you an me need tae get oot and is time… we gonny win!

Indyref2?

About the Author

@Raiphsays is a tenteen-year-old boy who arrived on twitter in 2012. Passionate about politics and internet safety, he spends his days trying to change the world for the better, one tweet at a time. Check out his most popular hashtags:

#Raiphsfilmaviews
#Moonfing
#HolloErfFing
#Raiphsadventcalandur
#Flyraiph
#Raiphsconspirassyfeerys

Available and Coming Soon from @Raiphsays:

Whit Cin Go Rang?
See Wee Vinny?

Follow Raiph on Twitter:
@Raiphsays
@FlyRaiph
Visit his blob:
www.Raiphsblob.weebly.com
Visit his shop:
www.raiphsshoap.spreadshirt.co.uk

14286489R00046

Printed in Great Britain
by Amazon.co.uk, Ltd.,
Marston Gate.